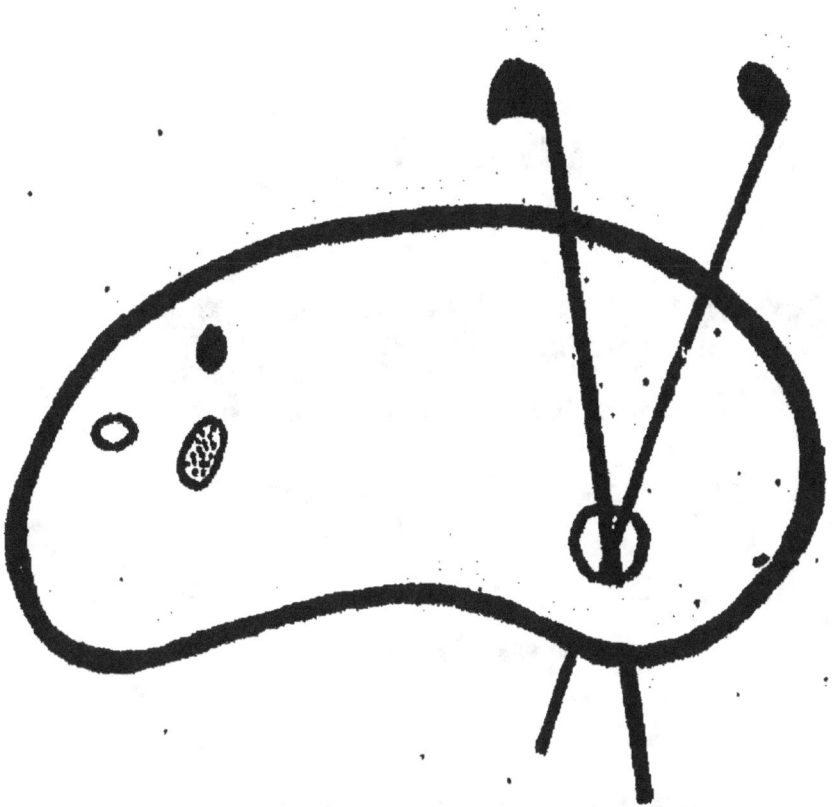

DEBUT D'UNE SERIE DE DOCUMENTS EN COULEUR

CATALOGUE

DES

TABLEAUX

ESQUISSES, DESSINS & CROQUIS,

DE

M. DECAMPS,

ET DES

TABLEAUX PAR DIVERS MAITRES

ARMES, COSTUMES, MEUBLES, OBJETS D'ART ET DE CURIOSITÉ,

Composant son Atelier.

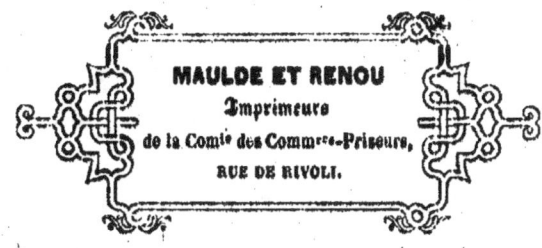

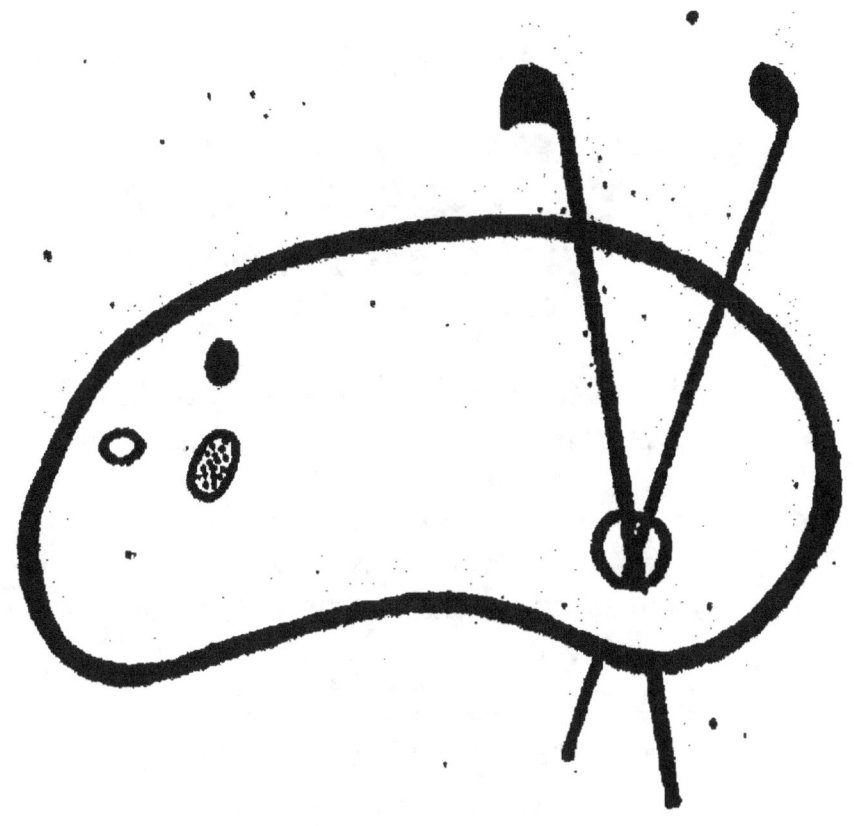

FIN D'UNE SERIE DE DOCUMENTS EN COULEUR

CATALOGUE
DES
TABLEAUX
ESQUISSES, DESSINS & CROQUIS,
de M. DECAMPS,
ET DES
TABLEAUX PAR DIVERS MAITRES,
ARMES, COSTUMES, MEUBLES, OBJETS D'ART ET DE CURIOSITÉ,

Qui composaient son Atelier,

DONT LA VENTE AUX ENCHÈRES PUBLIQUES AURA LIEU,

HOTEL DES VENTES MOBILIÈRES,
RUE DES JEUNEURS, N. 42,

LES JEUDI 21, VENDREDI 22 ET SAMEDI 23 AVRIL 1853,

HEURE DE MIDI.

Par le ministère de Mᵉ RIDEL, Commissaire-Priseur,
rue Saint-Honoré, 338.

Assisté de M. Francis PETIT, Appréciateur,
boulevart Poissonnière, 24.

EXPOSITION PUBLIQUE
Le Mercredi 20 Avril 1853, veille de la vente.

PARIS
MAULDE ET RENOU
IMPRIMEURS DE LA COMPAGNIE DES COMMISSAIRES-PRISEURS,
Rue de Rivoli.

1853

CONDITIONS DE LA VENTE.

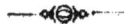

Les acquéreurs paieront, en sus des adjudications, cinq pour cent applicables aux frais.

PREMIÈRE VACATION

DÉSIGNATION

DES TABLEAUX

DE M. DECAMPS

1 — Josué. — Grand tableau inachevé.   8500   *Ymer, peintre*

2 — Bûcheronne. Effet d'hiver,   dito.   4000   *Mirès*

3 — Polyphème. — Ebauche.

— 4 —

Thénard 7020 4 — Job et ses amis. — Inachevé. *Commandé par le marquis Maison*

Duchâtel 4950 5 — Intérieur de cour rustique.

Moreau 3120 6 — Sortie d'une école en Turquie. — Inachevé. *Commandé par le marquis Maison*

Gaillard 3700 7 — Plage, femme de pêcheur rapportant le poisson.

d'Hertford 4500 8 — Pifferaro. — Paysage.

Fau 3650 9 — Petite fille gardant des porcs.

Michel 4200 10 — Chercheurs de truffes.

11 — La Samaritaine. — Esquisse.

12 — Paysage.

13 — Relais de chiens. — Esquisse.   2750 André

14 — Soleil couchant, marine. — Ebauche.

15 — La Pêche miraculeuse.   dito.   4000 Fau

16 — Café turc.   3500 Rothschild

17 — Intérieur d'église.   1900 Lehmann

2900 De Beaulieu 18 — Maison turque sur un lac. — Esquisse.

1000 De Beaulieu 19 — Une mare dans le bois. — Étude.

1050 Damour 20 — Un Charlatan. — Esquisse.

2100 Stevens 21 — Don Quichotte. — Ebauche.

2600 Jacque Thibaudeau 22 — Femme italienne dans une chapelle.

1250 Lehmann 23 — Fuite de Loth. — Esquisse.

430 Couttans 24 — Deux petits médaillons. — Paysages.

25 — Offrande à Pan — Inachevé. *1525 — Fau*

26 — Petit paysage. — Genre de Huismann. *340 Attelina*

27 — Capucins et Enfants italiens. *1555 Goupil*

PAR DIVERS.

CHARDIN.
28 — Nature morte. *600 Laperlier*

COROT.
29 — Paysage. *440 de Beaulieu*

DESBAROLLES.
30 — Vue de Venise. *66*

GUIGNET (Adrien.)
31 — Paysage avec figures. *200*

GRÉSY.
32 — Paysage. *121*

CICERI (E.)
33 — Trois études de paysage. *40, 39, 31.*

LAINÉ.
34 — Descente de Croix. — Esquisse. *19*
35 — Copie du Christ au tombeau du Titien.
(Avant la restauration du tableau.) *70*

JADIN.

200	36	—	Copie des Noces de Cana.
37	37	—	Id. d'après Pierre de Hoog.
45	38	—	Id. d'après Huismans de Malines.
53	39	—	Id. d'après Ruysdael.
16	40	—	Id. d'après Everding.
15	41	—	Id. du Soleil levant. De Rubens

BISSON.

15	42	—	Copie du martyre de saint Barthélemy. De Ribera.
58	43	—	Id. de Murillo. Portrait.
32	44	—	Id. de la Pêche miraculeuse, de Jouvenet.
42	45	—	Id. de l'Antiope, du Corrège.
10	46	—	Id. de Moïse. — Esquise.
36	47	—	Id. de la fuite de Loth, de Rubens.
31	48	—	Id. des Bergers d'Arcadie, du Poussin.

CABAT.

145	49	—	Id. d'après Cuyp.

DUVIEUX.

50 — Calf. 20

POTERLET.

51 — Copie du Festin d'Emaüs 50
52 — Id. du Bon Samaritain, d'après Rembrandt. 55

---

53 — Copie du saint Sébastien, de Giorgion. 24
54 — Id. de la Vierge au Lapin, de Titien. 47
55 — Id. du portrait d'Alph. d'Avalos et sa maî- 128
       tresse, d'après le Titien.
56 — Copie de Tobie, de Rembrandt. — Esquisse. 96
57 — Id. du saint Jérôme, du Titien.
58 — Id. d'une bacchanale, d'après le Poussin. 24
59 — Id. d'un Intérieur, d'après Rembrandt. 90
60 — Id. du Pouilleux, de Murillo. 50

BELLANGÉ.

61 — La mort du Camarade. — Dessin. 80

PAPETY.

62 — Copie à l'aquarelle, de l'Annibal Carrache, du 375
       musée de Marseille.

BONINGTON.

63 — Vue de Suisse — Sépia.

DEVERIA.

64 — Odalisque. — Sepia.

WATTEAU.

65 — Croquis.

DÉSIGNATION

DES COSTUMES.

~~~~~~

65 bis — Costume de femme mauresque, culotte, babouches, etc., etc. *65 Beaulieu*
66 — Pelisse kourde, coiffure syrienne, manteau valencien, deux écharpes, une veste turque. *62 Stevens*
67 — Écharpe tunisienne. . . . . *19 Lehmann*
68 — Diverses pièces de costumes italiens. . *20 Landelle p.*
69 — Costume albanais (complet). . . . . *125 D. Becker*
70 — Autre costume, or et argent. . . . . *70 Beaulieu*
71 — Machelak, un bournous. . . . . . . *61 Ziem père*
72 — Costume de mauresque, veste, caleçon, ceinture et chemise. . . . . *160 Tournemine*
73 — Echarpe et riche coiffure arabe. . . . *62 Lehmann*
74 — Costume chinois Mandarin militaire, robe, caleçon, bonnet, souliers, jambiers et ceinture. *60 Malla*

— 14 —

Lehmann	255	75 —	Riche portière en soie brochée d'or de brousse.
id.	30	76 —	Deux ceintures, un turban.
girardot	95	77 —	Costume de femme juive d'Orient avec le sarma en argent, coiffure brochée d'or.
[?]	20	78 —	Costume de bédouine (complet).
Dur.Ruel	70	79 —	Chemise et caleçon de soie.
	20	80 —	Deux vestes turques, dont une de femme, une chemise de soie et une ceinture de mousseline brodé.
Lehmann	42	81 —	Une veste, un caleçon, une paire de babouches turques pour femme.
	42	82 —	Robe de femme égyptienne avec le voile, chemise de fellah et babouches.
	28	83 —	Les objets omis au catalogue seront vendus sous ce numéro.

DEUXIÈME VACATION

DÉSIGNATION

DES DESSINS

84 — Josué arrêtant le soleil (grand carton) et dessin de l'ensemble. — 5300 Maison

85 — Samson, réduction des neufs dessins exposés en 1845. — 1600 Van

86 — Vue d'Italie. — 199 Lanoue

87 — Moines en voyage. — 126 Hébert

88 — Paysage. — Etude. — 55

89 — Vue d'Italie. — 105 Beugniet

90 — Sainte Famille. — 36

91 — Paysan italien. — Mine de plomb. — 158 Lemonnier

92 — Intérieur d'un cabaret. — Sépia. — 41

— 16 —

         93 — Paysage. — Etude.
63   94 — Marchand de poissons de Marseille.
105 95 — Vue d'Italie.
80   96 — Etude de femme. — Croquis.
33   97 — Serrurier. — Fusin.
Petit 181 98 — Vue d'Italie.
122 99 — Première pensée du supplice du crochet.
        100 — Bohémiens. — Aquarelle.
Petit 230 101 — Forêt de Fontainebleau. — Fusin.
51 102 —   dito   dito.   Etude.
Beugniot 175 103 — Ruines, environs de Rome.
Tournemine 122 104 — Deux études de paysage.
        105 — Rochers.
133 106 — Intérieur d'une caverne.
Coutancy 236 107 — Deux études. Bûcheronne et rochers.
35 108 — Forêt de Fontainebleau. — Etude.
Asseline 195 109 — Arabe portant un enfant.
80 110 — Villa d'Italie. — Croquis.
100 111 — Forêt de Fontainebleau.
65 112 —   dito   dito.
        113 — Vue d'Afrique.
157 114 — Grotte.
95 115 — Première pensée du Christ au prétoire.
33 116 — Forêt de Fontainebleau.
        117 — Croquis au fusin.

118	Villa en Italie.	140	Petit
119	Saint Jean dans le désert. — Mine de plomb.	300	W.
120	Paysan italien. dito	55	
121	Entrée d'une grotte. — Fusin rehaussé.	100	Fau
122	Paysage et animaux. Aquarelle.	400	Stevens
123	Plusieurs croquis.	60	
124	Vieille femme portant un fagot. — Pastel.	480	Guillardin
125	Soldat. — Sépia.	50	
126	Dessin fait en Italie.	221	Franc
127	Croquis.	34	
128	Singes musiciens. — Fusin.	86	
129	Arabe.	256	
130	Vue d'Italie.	61	
131	dito.		
132	Ecole turque. — Grand dessin.		
133	Embuscade de Bedouins. — Esquisse.	122	henneveu
134	Vue d'Italie. — Dessin.	120	Cte Lehon
135	Effet pris dans les Dunes.	120	
136	Village d'Italie.	860	Guillardin
137	Paysage. — Mine de plomb.	73	
138	Femme de Cayeux. — Dessin rehaussé.	190	Souty
139	Entrée d'une grotte.	110	Couteaux
140	Café maure.	355	Land
141	Forêt de Fontainebleau.	300	Couteaux
142	Entrée de Christ à Jérusalem.		

75	143 —	Femme catalane portant un enfant.
	144 —	Josué arrêtant le soleil. — Grand dessin.
Cercle des arts 750	145 —	Vue d'Italie. — Grand dessin.
Ferineau 195	146 —	Bûcherone au repos.
Moreau 1285	147 —	Christ au prétoire.
43	148 —	Retour des bûcherons.
42	149 —	Paysage d'Italie.
112	150 —	Deux paysages.
Cte Lehon 335	151 —	Paysage, soldats conduisant un prisonnier.
	152 —	Grotte dans la forêt de Fontainebleau.
95	153 —	Forêt de Fontainebleau.
	154 —	Fusin.
	155 —	dito.
Petit 486	156 —	Un lavoir.
26	157 —	Etude. — Pastel.
33	158 —	dito dito.
25	159 —	Deux études. — Pastel.
42	160 —	Chasseur. — Croquis sépia.
Lehon 250	161 —	Diogène.
Petit 185	162 —	Vue d'Italie.
	163 —	Forêt de Fontainebleau.
99	164 —	Un Grec. — Etude.
	165 —	Forêt. — Pastel.
Meulle 141	166 —	Intérieur de cour.
83	167 —	Femme de pêcheur.

168 — Bord de rivière.
169 — Samson au Lion. 125 Michelin
170 — Chien basset. — Sépia. 157 Ziem (peintre)
171 — Intérieur de cour.
172 — Femmes de pêcheurs. 85
173 — Forêt. Pastel. 43
174 — Forêt. Pastel. 36
175 — Plusieurs dessins. Etudes au crayon rouge.
176 — Deux dessins, paysage et bûcherons. 101 Robert
177 — Etude de forêt.
178 — Bohémiens. 47
179 — Polyphème. 72
180 — Paysagiste et rochers. 91
181 — Vieille et ses servantes. 135
182 — Dessin pour le tableau de la danse albanaise. 106
183 — Croquis d'Italie.
184 — Forêt de Fontainebleau.
185 — Forêt   d°. 75
186 — Forêt   d°.
187 — Pêcheur. Dessin rehaussé. 140
188 — Forêt de Fontainebleau. 85
189 — Forêt   d°. 33
190 — Forêt   d°.
191 — Les objets omis au Catalogue seront vendus sous ce numéro.

TROISIÈME VACATION.

ARMES DIVERSES.

192 — Un fusil kabyle à capucines d'argent, et son étui. — 61 *Ehenard*

193 — Autre fusil de chef, incrusté avec demi-étui et mesure à charger. — 110 *Lambert*

194 — Fusil albanais, garniture d'argent. — 150 *H. Didier*

195 — Fusil anglais à canons superposés. — 34 *Fau*

196 — Carabine navaraise. — 9 *Stevens*

197 — Carabine de chasse à silex. — 14 *Diaz*

198 — Carabine à piston. — 30

199 — Canardière garnie en argent, époque Louis XIV. — 133 *Davin*

200 — Canardière anglaise, à rouet, mesure de charge et clé, époque de Charles Ier. — 74 *Becker*

Gamba 181	201	Joli fusil de dame, à rouet et une petite poire à poudre du temps, époque de François Ier.
D'auteuil 110	202	Arquebuse allemande, incrustée de cuivre, à rouet, avec poire à poudre.
Moreau 315	203	Arquebuse à rouet, incrustée de nacre et d'ivoire, époque de Charles IX, avec poire à poudre et clé.
D'auteuil 101	204	Arquebuse allemande, à rouet, avec poire à poudre en ivoire.
Becker 95	205	Arquebuse à rouet, garnie d'ivoire gravé.
D'auteuil 50	206	Arbalète de chasse avec ivoire gravé.
Gamba 40	207	Autre arbalète italienne, propre à lancer des balles.
Vevin 76	208	Arbalète de rempart, avec un casque.
Salmon 85	208 bis	Autre arbalète garnie de cuivre, avec un casque.
Moreau 198	209	Une paire de pistolets à rouet, époque de François Ier.
180	210	Une paire de pistolets albanais, garniture d'argent.
Gamba 49	211	Un pistolet à rouet et deux éperons anciens.
Moreau 345	212	Une paire de pistolets époque Louis XIV.
Riff 18	213	Une gaîne à pistolets.
Didier 99	214	Beau modèle de canon, époque Louis XIV.
Foussereau 41	215	Modèles de pièces à pivot et de mortier.

216 — Modèle de canon.
217 — D° de fourgon.

} 81 Fouchereau

218 — Pièce de rempart, modèle anglais.
219 — Autre pièce, ancien modèle.

} 30 Stevens

220 — Forge et tombereau, jolis modèles. 45 Becker
221 — Petit modèle de canon, système de l'Empire. 62 D.
222 — Yatagan grec, fourreau d'argent avec chaîne. 210 Greffulhe
223 — Yatagan de Tunis. 256 gentil de Bussy
224 — Un beau yatagan, ancien fourreau d'argent. 460 Dalloz
225 — Petit yatagan grec et poignard de Mameluch. 39 Chapuis
226 — Poignard circassien. 210 Dalloz
227 — Poignard, lame indienne. 41 Salmon
228 — Autre poignard. 61 gentil de Bussy
229 — Poignard à manche en vache marine. 95 Dauteuil
230 — Petit poignard de femme. 151 Moreau
231 — Joli couteau de femme, avec virole d'or et fourreau en vermeil. 45 Heuner
232 — Couteau turc, poignée en jade.
233 — Autre couteau turc.

} 15 Becker

234 — Couteau de chasse, époque de Louis XV. 23 Smith
235 — Cric malais et coutelas indien.
236 — Kandgiard persan. 42 Salmon
237 — Sabre de Mameluck.
238 — Sabre persan Belle et excellente lame. 131 Salmon
239 — Beau sabre turc. 100 Dalloz

Sachet	70	240 —	Autre sabre turc.
Davin	32	241 —	Sabre de Mameluck.
Malineé	18	242 —	Sabre de cavalerie. Casque et cuirasse.
	17	243 —	Épée de chevalier, très ancienne.
Étienard	41	244 —	Grande épée norwégienne.
	131	245 —	Deux grandes épées.
Cointet	115	246 —	Épée, acier ciselé, époque Louis XV.
		247 —	Épée écossaise, gantelet.
Thenard	34	248 —	Une hallebarde.
Lanoue	60	249 —	Cotte de maille et deux vieux casques.
	11	250 —	Beaux étriers turcs et étriers Tartares.
Gerandot	360	251 —	Selle turque.
		252 —	Bride turque en soie, avec son mors argenté.
Berger	60	253 —	Housse persanne brodée.
		254 —	Camail doré, caparaçon, étriers.
		255 —	Une cartouchière et sabre.

MEUBLES ET OBJETS D'ART.

256 — Étagère en bois de rose, fermée de glaces et orné de cuivres dorés. — 1150 *Alibert*

257 — Meuble noir à tiroirs et portes. — 90 *Coutémy*

258 — Meuble noir à tiroirs et coffres. — 142 *Vincens*

259 — Étagère ancienne, en bois sculpté. — 190 *Ganod*

260 — Meuble en bois sculpté. — 140 *Bigle*

261 — Bureau ancien, incrusté de nacre. — 305 *Mage*

262 — Grande armoire vitrée. — 115 *Benoist*

263 — Autre armoire avec cuivres. — 100 *Appard*

264 — Petit guéridon à colonnes torses en bois sculpté. — 25 *Petit*

265 — Petit meuble de dame, avec flambeau à cremaillères Louis XV. — 61 *Coutéaux*

266 — Petite encoignure en laque de Chine, ornée de bronze. — 310 *Delaloge*

267 — Petit coffre à tiroir, incrusté. — 31 *Dupuytad*

268 — Un grand coffre chinois en laque. — 53 *Hardy*

Leroy 60 269 — Coffre en bois sculpté et deux petits flambeaux, idem.
Benoind 325 270 — Nécessaire de voyage, en vermeil.
Petit 400 271 — Une grande et bonne pendule Louis XV, avec son support.
Petit 400 272 — Une pendule Louis XVI.
Pelin 62 273 — Une pendule ancienne de cabinet.
Schneider 300 274 — Une glace monture Louis XV.
Guilanie 191 275 — Une autre plus ancienne.
Vivin 101 276 — Très beau miroir avec cadre en bois sculpté, époque Louis XIV.
Vivin 50 277 — Une paire de candélabres, bronze doré.
Lehmann 61 278 — Vase étrusque.
Moreau 80 279 — Vase ancien, orné de cuivre.
Evary 255 280 — Petit vase indien en bronze.
Petit 78 281 — Deux petits vases chinois, garnis en bronze.
Hunneveau 105 282 — Deux vases chinois et leurs soucoupes.
  90 283 — Deux autres vases.
Petit 100 284 — Deux vases garnis en bronze doré.
Moreau 90 285 — Un vase chinois.
Strauss 135 286 — Vase florentin avec plateau, XVIe siècle.
O'Connell 73 287 — Vase chinois et un plateau.
p. 95 288 — Beau vase chinois.
  151 289 — Petit bassin arabe.

290 — Grand plat vénitien, et repoussé, ayant été argenté. — 100 de Valdrôme
291 — Deux petits plats repoussés. — 20 Petit
292 — Un autre plat plus grand, repoussé et argenté. — 40 Lehmann
293 — Bassin sarrazin damasquiné. — 257 Jonnson
294 — Gobelet du XVIe siècle, en vermeil. — 130 Becker
295 — Petit plateau Faenza. — 30 Dupayla
296 — Deux plats de faïence indienne. — 38 Malines
297 — Deux plats, porcelaine de l'Inde. — 72 allegre
298 — Grand plat de porcelaine.
299 — Pot de Palissy, à surprise. — 85 Petit
300 — Deux bouteilles, porcelaine chinoise. — 29 Dupuysad
301 — Deux autres idem, idem. — 30 Id.
302 — Bouteille chinoise et socle en laque. — 80 Lehmann
303 — Deux grands cornets chinois. — 140 Hardy
304 — Deux statuettes, flambeaux chinois. — 80
305 — Deux tasses chinoises, avec leurs soucoupes. — 40 Malines
306 — Deux cornets céladon craquelé avec supports dorés. — 29 Bigle
307 — Deux seaux en porcelaine Louis XVI.
308 — Un petit plateau et pot au lait, vieux Sèvres. — 185 Bon d'Ivry
309 — Soupière et son plateau. — 26 Petit
310 — Deux petites tasses et leurs supports en argent Egypte. [Deux autres supports Turcs dorés. — 46 de Valdrôme / 36

311 — Une tasse dorée et sa soucoupe.
312 — Amour de Bouchardon, biscuit.
313 — Deux figurines indiennes, terre cuite, et deux socles en marbre.
314 — Deux petites figurines indiennes en bronze, et deux petites colonnes en vert de mer.
315 — Deux levrettes en bronze, socles dorés.
316 — Encrier turc et Boule à parfum, damasquiné de l'Inde.
317 — Chaîne de femme allemande, en argent.
318 — Petit panier, filigrane d'argent.
319 — Deux anciens portraits sur vélin, Jacques II, roi d'Écosse et son épouse, fille de Christian, roi de Danemarck.
320 — Un panneau en laque.
321 — Un éventail chinois.
322 — Un grand parapluie chinois, et cage chinoise.
323 — Les objets omis au Catalogue, seront vendus sous ce numéro.

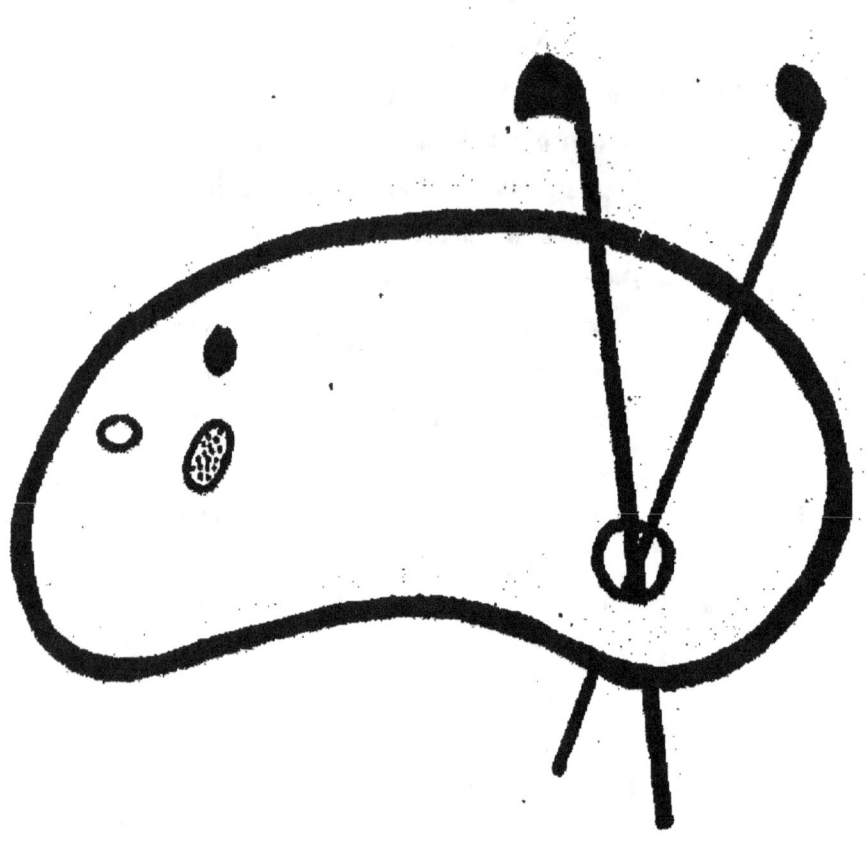

ORIGINAL EN COULEUR
NF Z 43-120-8

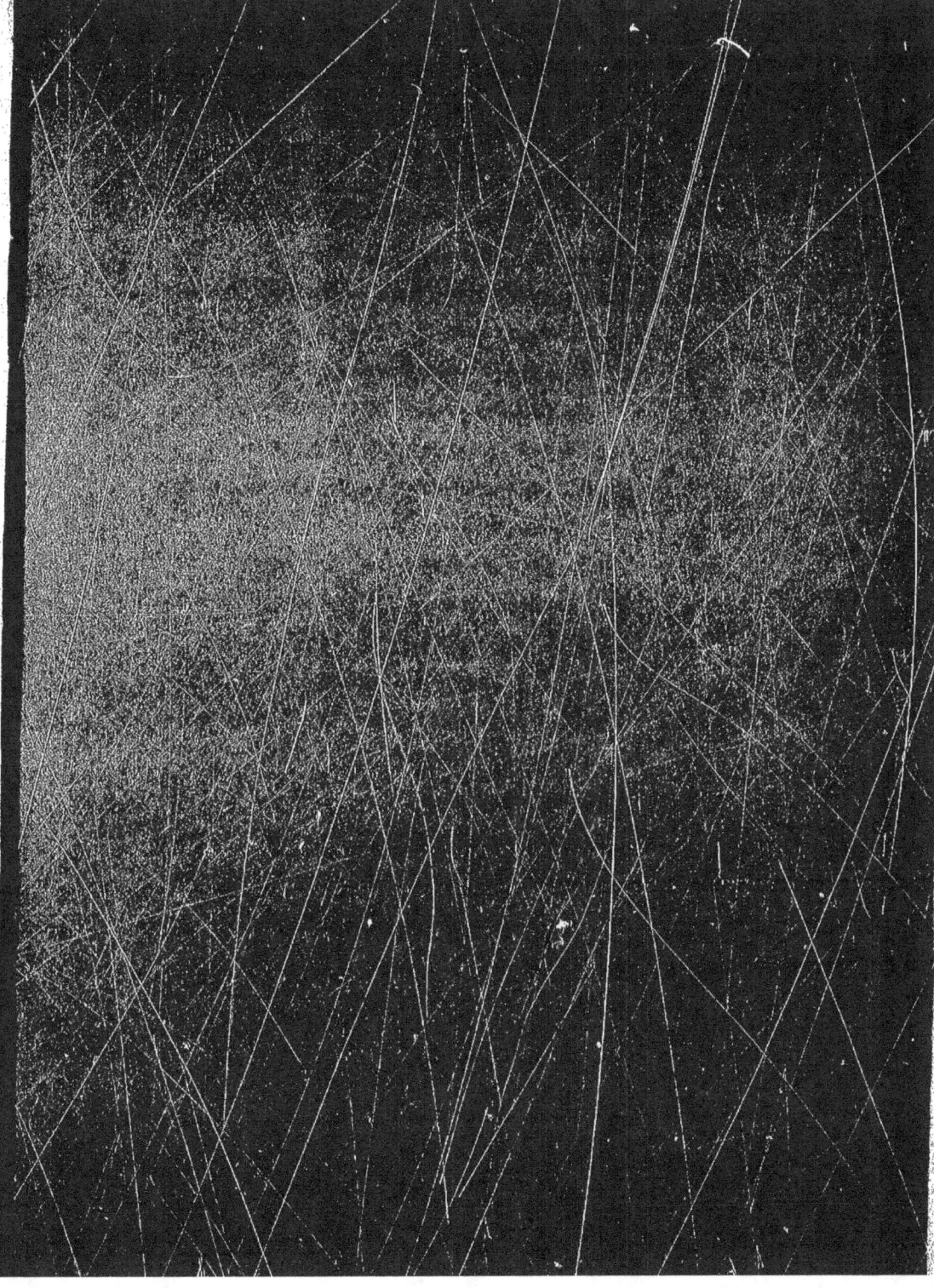

www.ingramcontent.com/pod-product-compliance
Lightning Source LLC
Chambersburg PA
CBHW030104230526
45471CB00003B/1252